AF100649

www.ingramcontent.com/pod-product-compliance
Lightning Source LLC
LaVergne TN
LVHW020450070526
838199LV00063B/4904
9789358720853

آداب عرض

(مزاحیہ شاعری)

مصنف:

دلاور فگار

© Taemeer Publications LLC
Aadaab Arz *(Humorous Poetry)*
by: Dilawar Figar
Edition: September '2023
Publisher & Printer:
Taemeer Publications LLC (Michigan, USA / Hyderabad, India)

ISBN 978-93-5872-085-3

مصنف یا ناشر کی پیشگی اجازت کے بغیر اس کتاب کا کوئی بھی حصہ کسی بھی شکل میں بشمول ویب سائٹ پر اَپ لوڈنگ کے لیے استعمال نہ کیا جائے۔ نیز اس کتاب پر کسی بھی قسم کے تنازع کو نمٹانے کا اختیار صرف حیدرآباد (تلنگانہ) کی عدلیہ کو ہو گا۔

© تعمیر پبلی کیشنز

کتاب	:	**آداب عرض** (مزاحیہ شاعری)
مصنف	:	**دلاور فگار**
صنف	:	شاعری
ناشر	:	تعمیر پبلی کیشنز (حیدرآباد، انڈیا)
سالِ اشاعت	:	۲۰۲۳ء
طابع	:	تعمیر پبلی کیشنز، حیدرآباد - ۲۴
صفحات	:	۱۱۲
سرورق ڈیزائن	:	تعمیر ویب ڈیزائن

ہند میں بچوں کی کھیتی ہو رہی ہے آج کل
ماہر تخلیق ہے اس ملک کا ہر نیشنل
مختلف راہرو ہیں لیکن ایک ہے راہِ عمل
کوئی سنگل بچہ پیدا کرتا ہے کوئی ڈبل

دلاور فگار کا تعارف

از پروفیسر ولی بخش قادری
ٹیچرس کالج، جامعہ ملیہ اسلامیہ، دہلی۔

دلاور فگار نے ۸ ر جولائی ۱۹۲۸ء کو بدایوں کے ایک "حمیدی صدیقی" خاندان میں آنکھ کھولی۔ اُن کا نام دلاور حسین ہے ۱۹۴۲ء میں وہ ہائی اسکول کے امتحان میں کامیاب ہوئے۔ اُن کے والد ماسٹر شاکر حسین صاحب مرحوم مقامی اسلامیہ اسکول میں استاد تھے۔ اور ان کے لئے اعلیٰ تعلیم کا انتظام نہیں کر سکتے تھے۔ اُس وقت بدایوں میں صرف دسویں جماعت تک کی تعلیم ممکن تھی۔ میں درجہ چہارم میں اُن کا ساتھی بنا تھا۔ ہم دونوں کا شمار جماعت کے چھوٹے بچوں میں تھا۔ لہٰذا اگلی صف میں بٹھائے گئے تھے۔ یہ قرب ایک دوسرے کو کچھ ایسا راس آیا کہ اسکول کی ساری زندگی ساتھ ساتھ بیٹھتے اٹھتے گزری۔ مگر ہائی اسکول کے امتحان میں کامیاب ہونے کے بعد میں مزید تعلیم کے لئے وطن سے باہر چلا گیا۔ اور وہ صغر سنی کے باوجود کسی طور ٹھکانے کی جستجو میں بھٹکتا نظر آئے پر لگا دیے گئے۔

بدایوں میں ہمیشہ ہی چھوٹے موٹے مشاعرے ہوا کرتے ہیں۔ اور ہر انداز سے ہوا کرتے ہیں۔ کبھی ان کا انعقاد کسی تقریب کے طفیل میں ہوا کرتا ہے کبھی وہ خود ہی اپنی تقریب آپ ہوتے ہیں اور کبھی محض بہر تقریب ملاقات۔ مگر موسم گرما کی تعطیلات کے زمانے میں ان کے لئے عموماً تیز ہو جایا کرتی ہے۔ کیونکہ اُس زمانے میں پڑھنے اور پڑھانے والوں کی صورت میں شہر کا برآمد کیا ہوا مال اکثر و بیشتر لوٹ آتا ہے۔ میں کبھی یک

تعلیمی سال باہر گزار کر پہلی بار جب گھر لوٹا تو اُسی زمانے میں اپنے دوست کو باہتمام شاعرانہ ایک مشاعرے میں غزل پڑھتے ہوئے دیکھا. پتہ چلا کہ گزشتہ چند ماہ سے وہ شباب بدایونی کی حیثیت سے مقامی مشاعروں میں باضابطہ شرکت کر رہے ہیں. اُن دنوں وہ لہک لہک کر اپنی غزل سنایا کرتے. اُن کی آواز میں ایک دل آویز نقاہت ہوتی اور ایسا لگتا کہ اب سانس ٹوٹی. چار سال بعد وہ کسی طور انٹر میجیٹ ....، کی تعلیم حاصل کرنے کے لئے بریلی کالج جا سکے اور اُس کے بعد وہیں سے تعلیمی کا ڈپلوما بھی لے ڈالا. اس دوران میں وہ اپنے والد کے سایہ عاطفت سے محروم ہو گئے اور ۱۹۵۱ء میں اپنے والد ہی کے نقشِ قدم پر اُسی ادارے میں استاد بن گئے جہاں آج تک برابر کام کر رہے ہیں. ان کا تعلیمی مشغلہ ہنوز جاری ہے. ۱۹۵۷ء میں بی. اے ہوئے اور اس کے بعد معاشیات میں. ایم. اے کر ڈالا. امسال انہوں نے اردو کے ایم. اے میں فرسٹ ڈویژن، حاصل کی ہے.

یہی زمانہ فگار کی شاعری کے فروغ کا ہے. اولاً اُن کی غزلوں کا ایک مختصر مجموعہ "حادثے" ۱۹۵۴ء میں شائع ہوا. غزل گوئی میں انہوں نے بدایوں کے صاحبانِ علم و فن مولانا جامی مرحوم جناب جام نوائی جناب آفتاب احمد جوہر اور جناب سبطین احمد سے فیض اٹھایا ہے. پھر وہ شباب سے فگار ہو گئے. مقامی طور پر اُن کی ایک نظم الو قلموں کی ممبری نے ۱۹۵۶ء میں لوگوں کو اپنی طرف متوجہ کیا. یہ اُن کی پہلی کامیاب طنزیہ نظم کہی جا سکتی ہے. ان کے مزاحیہ و طنزیہ قطعات اور نظموں کا پہلا مجموعہ "ستم ظریفیاں" ۱۹۶۲ء میں شائع ہوا. اُسی کے ساتھ ساتھ

اُن کی آواز قرب وجوار کے مشاعروں میں سنائی دینے لگی۔ اور اخبارات ورسائل میں اُن کا کلام شائع ہونے لگا۔ اسی زمانے میں اُن کی نظم شاعرِ اعظم شائع ہوئی۔ یہ نظم اُن کی شہرت کے پہلے سنگِ میل کا رتبہ رکھتی ہے۔ اب اُن کو ایک اُبھرتا ہوا فن کار سمجھا جانے لگا۔ اُن کا دوسرا مجموعۂ کلام شامتِ اعمال ۱۹۶۴ء میں شائع ہوا۔ اور ایک مقبول مزاح وطنز نگار شاعر کی حیثیت سے اُن کا مقام مسلّم ہوگیا۔ اترپردیش کی سرکار نے ان کے اس مجموعے کو سرکاری انعام کا بھی مستحق قرار دیا۔

فگار کا مزاج، خوش دلی اور خوش مذاقی پر مبنی ہوتا ہے اور اُن کے طنز میں تہذیبِ نفس اور روشنیٔ طبع کی نمود ملتی ہے۔ وہ تنگ نظر قطعی نہیں ہیں بلکہ ایسے احساسات و افکار کے اعتبار سے ترقی پسند ہی کہلائیں گے۔ وہ جھوٹی اقدار کی قلعی کھولتے ہیں اور کم نگاہی کے شاکی ہیں، انہوں نے تلخابۂ حیات کے گھونٹ پیے ہیں۔ اور اپنی دنیا آپ پیدا کی ہے۔ اُن کی شاعری میں اُن کی زندگی کا پرتو صاف جھلکتا ہے۔ اُن کی طبیعت تصنع اور تکلفات سے دور بھاگتی ہے۔ وہ منکسر مزاج اور دوست نواز واقع ہوئے ہیں۔ یہی وجہ ہے کہ اُن کے کلام میں اپنے ہم عصر شعرا، کہتر و بہتر کی تخصیص کے بغیر، جگہ بہ جگہ جلوہ گر نظر آتے ہیں۔ یوں بھی وہ مشاعروں میں سُنے ہوئے اشعار، خوب سنایا کرتے ہیں۔ اُن کی سادگی اور دوست داری اس بات سے بھی ظاہر ہوتی ہے کہ اس وقت اتنے معروف و مقبول ہونے کے باوجود انہوں نے اپنے ایک گمنام دوست سے اپنے بارے میں کچھ لکھنے کے لیے کہا ہے۔ فگار کا حافظہ بہت اچھا ہے۔ انہیں عروض سے واقفیت ہے۔ زبان

پر قدرت حاصل ہے اور فطرتاً شاعر ہیں۔ آج اُردو نظم میں انگریزی الفاظ کے برجستہ استعمال، پیوندکاری اور تصرف میں ایک معیار رکھتے ہیں۔ ذرا سی بات میں ایک بات کہہ جاتے ہیں، بلکہ بسا اوقات کئی باتیں۔ اب اُن کے بعض الفاظ پر علامتی رنگ چڑھتا ہوا نظر آتا ہے۔ اُن میں سے ایک "خر" کا "شخص" بھی ہے۔ وہ زندگی کے مضحک پہلو کو اُجاگر کیا کرتے ہیں لیکن نیک نیتی اور بالغ نظری کیسا تھ اُن کے طنز میں تہہ داری ملتی ہے جو پردہ بھی ہے اور پردہ در بھی۔

اب فگار اچھے خاصے چوڑے چکلے آدمی نظر آتے ہیں، مگر اکڑفوں سے دور کچھ ڈھیلے ڈھالے، سڑک پر سر جھکائے دنیا و مافیہا سے بے خبر اپنے آپ میں مگن چلا کرتے ہیں۔ گفتگو کے دوران میں عموماً آنکھیں نیچی رہتی ہیں۔ نظمیں تحت اللفظ پڑھتے ہیں، کچھ ایسا لگتا ہے جیسے زور لگا کر آواز نکال رہے ہوں۔ بزم بے تکلف میں اب بھی ترنم سے غزل سنا دیتے ہیں جس میں لڑکپن کے آہنگ کی جھنکار سنائی دے جاتی ہے۔ اُن کے مزاج میں آتش گیر مادے کی کمی نہیں ہے۔ وہ خوب جھلاتے ہیں، لیکن فی نفسہٖ نرم دل اور محبت و مروت کے آدمی ہیں۔ یہ تو خدا جانے کہ شعر اُن پر کب اور کیسے وارد ہوتا ہے لیکن وہ اپنا کلام بہت کچھ حافظے میں ہی جمع رکھتے ہیں۔ کچھ مختصر اشارے ہیں لکھ کر اِدھر اُدھر ڈالتے رہتے ہیں۔ اس کے علاوہ کچھ رسائل داخبارات کے تراشوں کی صورت میں بھی اُن کی کتابوں کے انبار میں محفوظ ہوتا رہتا ہے اُن کی نجی زندگی میں عورت کے تینوں روپ شامل ہیں۔ یعنی ماں، بیوی اور بیٹی وہی اُن کے گھر کی رونق ہیں۔

آج شہرت اور نام آوری نے ان کا پتہ پا لیا۔ اُن کے کلام کو قبولِ عام کی سند مل رہی ہے مگر اُن کا والہانہ انداز اور شانِ بے نیازی اپنی جگہ پر بدستور موجود ہیں۔ ابھی تک وہ خود بین و خود آگاہ نہیں ہوئے ہیں۔ اُن کی زندگی سراسر معصومیت میں گزر رہی ہے خود انہوں نے اپنے بارے میں کیا خوب کہا ہے۔

عمر اب تک تو صاف گزری ہے

قاعدے کے خلاف گزری ہے

نگار کا فن ترقی پذیر ہے۔ اب وہ اُس سطح پر پہنچ گئے ہیں جہاں طاقتِ پرواز خود پیدا ہوا کرتی ہے اُن کی طنزیہ و مزاحیہ نظموں کا مجموعہ(آداب عرض) اُن کے کلام کا ایک اچھا نمونہ کہلانے کا مستحق ہے۔ وہ اپنے اندر رنگِ تر کی تازگی بھی رکھتا ہے۔

ٹیچرس کالج، جامعہ ملیہ اسلامیہ دہلی

عبداللہ ولی بخش قادری
یکم جولائی ۶۶ء

انتساب

ہندوستان کی ایک عظیم شخصیت

لال بہادر شاستری کے نام

جنکے

انتقال پر ملال سے متاثر ہو کر میرا قلم یہ لکھنے پر مجبور ہو گیا تھا

"وہی آواز"

عاشق ملک گیا۔ قوم کا محبوب گیا
ہمدم ناصر وکوسیجن وایوب گیا
اس سفینہ کا مقدر کوئی ہم سے پوچھے
ناخدا جسکو بچانے کے لئے ڈوب گیا

اشکِ غم نذر کیے زیبِ گلستاں کے لیے
خونِ دل پیش کیا جشنِ بہاراں کے لیے
کائنات دلِ ویراں تھی بس اک شمعِ حیات
اسکو بھی پھونک دیا، گھر میں چراغاں کے لیے

تشنہ کاموں کی طرح صاحبِ میخانہ رہا
ہاتھ میں جام لیے، نشہ سے بیگانہ رہا
واقعہ یہ ہے کہ شاہوں کا شہنشاہ تھا وہ
یہ الگ بات ہے انداز فقیرانہ رہا

"شمع بجھتی ہے تو اُسمیں سے دھواں اُٹھتا ہے"
نغمہ مرتا ہے تو اک شورِ فغاں اُٹھتا ہے
مگر اک شخص جو ہو لال بہادر کی طرح
مر بھی جاتا ہے تو دنیا سے کہاں اُٹھتا ہے

پھولوں کی لاکھ ادائیں ہیں تبسم کی طرح
نور کے نام بہت ہیں مہ و انجم کی طرح
نہ ہو مایوس جو اک ساز کی لے ٹوٹ گئی
ایک آواز تو آتی ہے ترنم کی طرح

وہی آواز جو بے شکل بھی بے نام بھی ہے
وہی آواز جو آواز بھی پیغام بھی ہے

دلاور فگار

"خطبۂ صدارت"

(جس کو دلاور فگار نے "زندہ دلانِ حیدرآباد" کے زیرِ اہتمام منعقد ہونے والی آل انڈیا مزاح نگاروں کی کانفرنس کے جلسۂ منظم بمقام حیدرآباد دکن، بتاریخ ۱۸ مئی ۱۹۶۲ء میں پڑھا۔

اے زندہ دلانِ حیدرآباد — اے دیدہ ورانِ حیدرآباد

اے شہرِ غزل کے شہریارو — اے ملکِ ادب کے تاجدارو

اے ارضِ دکن کے خوش دماغو — اے بزم کے خوشنما چراغو

اے بزمِ جہاں کے خوش نصیبو — اے عالمو، شاعرو، ادیبو

اے شعر و سخن کے نکتہ چینو! — اے علم و ادب کے نبض بینو

اے خوش نظرو، جواں خیالو — اے دیدہ ورو، نگاہ والو

اے عالمو، اے ادب نوازو — بیمارِ ادب کے چارہ سازو

ذرّوں کو قمر بنانے والو — فانی کو امر بنانے والو

بلوا کے ظریف شاعروں کو
معقول و شریف شاعروں کو

تم نے جو مشاعرہ کیا ہے
جدّت کا مظاہرہ کیا ہے

یہ طنز و مزاح کے سپاہی
یہ جادۂ پرخطر کے راہی

یہ وہ ہیں کہ جنکی قدر ہی کم
اُردو کے خدا ہیں ان سے برہم

ناقد نے انہیں حقیر سمجھا
داتا نے انہیں فقیر سمجھا

باپوں نے انہیں کپوت سمجھا
پنڈت نے انہیں اچھوت سمجھا

مذہب نے انہیں بتایا غادون
بیمار نے انکو سمجھا طاعون

اکبرؔ جو نہ ان کا ساتھ دیتے
لوگ انکا تو نام بھی نہ لیتے

تم نے جو انھیں طلب کیا ہے
انصاف کا کام اب کیا ہے

تم نے انہیں وقت پر پکارا
ممنون کرم ہوں میں تمہارا

یہ زندہ دلی ہے قابل داد
اے زندہ دلانِ حیدرآباد

لیکن مجھے تم سے اک گلا ہے
ہمراہ خوشی کے غم ملا ہے

پکڑا ہے مجھے پئے صدارت
ہے یہ بھی تمہاری اک شرارت

اس عالم رنگ و بو کی رونق
مجھ سے بھی بڑے تھے بعض احمق

کیوں صدر انھیں نہیں بنایا　　انصاف کا خون کیوں بہایا
اس جلسۂ پُر مزاح کا صدر　　ہوتا کوئی پیر بانئ غدر
یا کوئی سفیر امیر ہوتا　　یا کوئی وزیر باتدبیر ہوتا
یا کوئی سخن شناس بنتا　　جو شعر غلط کی داد دیتا
یا کوئی خدا کا نیک بندہ　　جو داد کے ساتھ دیتا چندہ
یا کوئی بزرگ وقت دیدہ　　یا کوئی بھی کیبنٹ رسیدہ
میں صدر تو ہوں مگر نیا ہوں　　یوں کہیے آج پھنس گیا ہوں
کیوں نام میرے ہے قرعۂ فال　　کیا اتنے بڑے تھے میرے اعمال
فرماتے ہیں جناب حیرتؔ　　شاعر ہو تمہیں اگر ہو غیرت
ظاہر کرو نظم میں کمالات　　خطبہ ہو کہ نظم میں تو ہو بات
لکھتے ہیں مجھے کہ میرے بیٹے　　تم صدر نہیں کسی سے ہیٹے
امید ہے فرض جان لوگے　　جو حکم دیا ہے مان لوگے
چکرا گیا میں یہ حکم سُنکر　　"فانوس خیال بن گیا سر"
کچھ پاس وخیال حیرتؔ　　کچھ اپنے کئے ہوئے کی غیرت

؎ علامہ حیرت بدایونی۔

آداب عرض (مزاحیہ شاعری) 17 دلاور فگار

خطبہ تو ہے کچھ نہ کچھ ضروری — اک رسم تو ہو ہی جائے پوری

مشکل یہ ہر وقت بے تکا ہے — خطبہ پہ مشاعرہ رُکا ہے

تقریر کا یہ محل نہیں ہے — خطبہ ہے کوئی غزل نہیں ہے

خطبہ کہ ہے آج فرض مجھ پر — لکھتا ہوں خدا کا نام لیکر

کچھ دیر دلوں پر جبر کیجئے — ہوں بور اگر تو صبر کیجئے

اے طنز و مزاح کے رفیقو — تم راہیِ راہ پُر خطر ہو

تم بار گراں اٹھا رہے ہو — لوہے کی کماں جھکا رہے ہو

یوں بزم میں قہقہے لگاؤ — خوابیدہ جو ہیں انہیں جگاؤ

اس طرح ہنسو کہ زخم دھل جائیں — منہ بند رہو اور آنکھیں کھل جائیں

مقصود ادب نہیں ہنسانا — شاعر نہیں بھانڈ یا زنانا

جعفر کے کلام پر نہ جاؤ — سودا کے مقام پر نہ جاؤ

جعفر کا سماج مختلف تھا — سودا کا مزاج مختلف تھا

غالب کی نگاہ مختلف تھی — اقبال کی راہ مختلف تھی

اکبر نے جو کچھ کہا بجا تھا
لیکن وہ زمانہ دوسرا تھا

اب رنگِ جہاں بدل گیا ہے
ہر پیر و جواں بدل گیا ہے

بوسیدہ روایتوں کو توڑ دو
پارینہ حکایتوں کو چھوڑ دو

ہوتا ہے ہر ایک بات کا دور
یہ دور ہے طنزیات کا دور

ہرگز نہ کرو کسی کی تقلید
فطرت نہیں چاہتی ہے تجدید

کپڑا ہے وہ مارکٹ میں فائن
ہو جس پہ کوئی نیا ڈیزائن

تخریب نہیں ادب کا مقصد
شاعر نہ بنو بہ نیت بد

ہو طنز و مزاح میں توازن
حد سے نہ بڑھے بطرزِ ٹن ٹن

ہمو مر میاں بھی بقول شخصے
نثر آگے ہے اور نظم پیچھے

آؤ کہ چلیں قدم اٹھا کر
نیشنوں کی طرح قلم اٹھا کر

یہ طنز و مزاح کے مزائل
بیکار نہ جانے پائیں زائل

آؤ کہ ادب سے کام لیں ہم
گرتے ہوئے فن کو تھام لیں ہم

Humera

قطعات

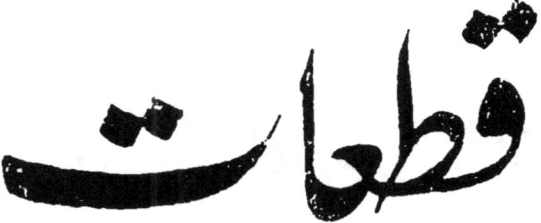

"کشاکش کا نتیجہ"

اِدھر لڑکے بغاوت کے لئے تیار بیٹھے ہیں
اُدھر حکام بھی غافل نہیں ہشیار بیٹھے ہیں
نتیجہ اس کشاکش کا یہ نکلا، ماسٹر صاحب
کسی بوڑھی طوائف کی طرح بیکار بیٹھے ہیں

کیسا غنڈہ تھا!

اس خبر پر تو نہیں مجھ کو تعجب اے فگار
ایک غنڈہ سرحدِ بجنور میں پکڑا گیا
ہاں اگر تھوڑی سی حیرت ہے تو صرف اس بات پر
کیسا غنڈہ تھا کہ جو اس دور میں پکڑا گیا

؎ اکتوبر نومبر سنہ ۱۹۶۶ء میں طلبا نے حکومت کے خلاف جا بجا مظاہرے کئے ہنگامی واقعات کے سبب اکثر شہر کا لج اسکول و یونیورسٹیاں بند کر دی گئیں۔ یہ قطعہ انہی ناخوشگوار ایام کے دوران کہا گیا تھا۔

"پٹاخہ"

اگرچہ پورا مسلمان تو نہیں لیکن
میں اپنے دین سے رشتہ تو جوڑ سکتا ہوں
نماز و روزہ و حج و زکوٰۃ، کچھ نہ سہی
شبِ برات، پٹاخہ تو چھوڑ سکتا ہوں

"ترقی پسند مولانا"

کل سنیما میں نظر آئے کوئی مولانا
میں نے پوچھا کہ ہے کیا آپکو بھی ذوقِ مجاز؟
بولے "ہاں، ساتھ ہی کچھ عشقِ حقیقی بھی ہے
میں سنیما ہی میں پڑھ لیتا ہوں مغرب کی نماز"

"ایک وقت کھاؤ"

یہ فرمائش کہ صرف ایک وقت کھاؤ
امیروں ہی کے دل پر کچھ گراں ہے
غریبوں کا جہاں تک ہے تعلق
انھیں دو وقت ملتا ہی کہاں ہے۔

نئی وجہ!

بکس میں لاش ہے یہ بات نئی
اس کی کچھ وجہ بھی نئی ہو گی
بکس میں لاش کون رکھ جاتا!
لاش خود اس میں گھس گئی ہو گی

ے ۱ اڑہ دہلی ایکسپریس سے دہلی جنکشن پر ایک لاوارثی صندوق برآمد کیا گیا جس میں ایک لاش موجود تھی۔

براتؐ کی گرفتاری

پکڑی گئی ہے کلرکوں کی جب سے ایک برات

براتیوں پہ بھی مجھ کو نہیں رہا ہے یقین

میں ہر برات میں شرکت سے پہلے سوچتا ہوں

کہ اس برات کا رخ جیل کیطرف تو نہیں

قصوروار والد!

باپ کے بیٹا الیکشن میں مقابل آگیا

اس لئے ہر شخص نے الزام بیٹے کو دیا

میں یہ کہتا ہوں کہ بیٹے کی خطا کچھ بھی نہیں

سب خطا والد کی ہے، بیٹے کو پیدا کیوں کیا

ؐ لکھنؤ:۔ ۲؍جنوری ۱۹۶۲ء بکمریزیٹ کے سامنے مظاہرہ کرنے والے سرکاری ملازمین کا ایک مبتمل براُت کی شکل میں بھی تھا جس میں ایک بابوجی کو باقاعدہ دولہا بنایا گیا تھا۔ یہ برات مع نوشہ (نفیس الدین) کے گرفتار کر لی گئی۔

"حالات حاضرہ"

حالات حاضرہ میں اب اصلاح ہو کوئی
اس غم میں لوگ حال سے بے حال ہو گئے
حالاتِ حاضرہ نہ سہی مستقل مگر
حالات حاضرہ کو کئی سال ہو گئے

"بسوں کی ہڑتال"

جب بسیں چلتی تھیں تو کہتے تھے
ٹکٹ اور کیو نے ہم کو مار دیا
اب بسیں بند ہیں تو کہتے ہیں
بے بسی! تو نے ہم کو مار دیا

"لازم وملزوم"

چند چیزیں ہیں لازم و ملزوم
کہہ گئے ہیں شری چونی لال
محنت اور ہاتھ، آدمی اور پیٹ
پیٹ اور بھوک، بھوک اور ہڑتال

کیا کھائیں؟

لکھا ہے ایک مصنف نے اپنے مضموں میں
جو خاک کھاتے ہیں بچے وہ کچھ دوا کھائیں
یہ سب درست مگر کوئی یہ بھی فرما دے
جو خاک بھی نہیں کھاتے وہ لوگ کیا کھائیں؟

"سرد مہری"

جب سے موسم نے وضع بدلی ہے
دھوپ بھی ہو چلی ہے ٹھنڈی سی
مہرتاباں، میں بھی اسی دن سے
سرد مہری ہے، دوستوں کی سی

روّیہ!

یہ موسم یہ بڑھتی ہوئی سردی
قدرت نے کیا ہم کو مٹانے کا تہیہ
انسان کو موسم سے محبت ہو کہاں تک
کچھ دن سے بہت سخت ہے موسم کا روّیہ

"بعد انتقال"

ایک روسی ماہر سائنس کا ہے یہ خیال
چاند پر جانا ہے آساں اور آنا ہے محال
ہے یہی مشکل تو اس کا سب سے اچھا حل یہ ہے
چاند پر انساں کو بھیجا جائے بعد انتقال

"بطور احتجاج"

وہ فرنگی ڈاکٹر جس نے یہ فرمایا ہے آج
صرف فاقوں ہی سے ممکن ہے موٹاپے کا علاج
اس سے کہہ دو یہ دوا ہرگز نہ دے ورنہ اسے
کوئی موٹا مار بیٹھے گا بطور احتجاج۔

"عقل کے اندھے!"

کھل گیا لندن میں اندھوں کا کلب، اچھا ہوا
یہ بھی ہیں افراد ہر ناری و نوری قوم کے
کچھ توجہ ان اندھوں پر بھی کی جائے کہ جو
عقل کے اندھے ہیں اور لیڈر ہیں پوری قوم کے

ساحرؔ، جعفری، غالبؔ!

ساحرؔ و، جعفری کو اک نسبت
غالبِ خوش بیان کے نام سے ہے
آم سے ربط تھا جو غالبؔ کو
ان کو بھی واسطہ 'عوام' سے ہے

"دو ہی روز"

مشاعرہ سے ذرا قبل اک بڑے استاد
جو بادہ خانۂ شعر و ادب کے ساقی ہیں
کسی سے بولے کہ دو روز کو غزل دیدو
مشاعرہ میں فقط دو ہی روز باقی ہیں

"عُرس"

تعجب کیا جو بزم شعر میں کچھ فلسفی شاعر
کلام معرفت ارشاد فرمانے بھی آتے ہیں
سبھی بزم سخن میں شعر پڑھنے کو نہیں آتے
یہاں کچھ "پیر" اپنا عُرس کروانے بھی آتے ہیں

"ایگری کلچر"

ہے زراعت پر حکومت کی نظر
اور تہذیب و تمدن پر نہیں
ہے یہی باعث کہ اپنے ملک میں
ایگری کلچر تو ہے، کلچر نہیں

"انتظامِ غسل"

گھٹ گئے ہیں دام صابن کے سُنی جب یہ خبر
ایک صاحب جن کا فوٹو بھی دکھا سکتا ہوں میں
مجھ سے فرمانے لگے "اک مسئلہ حل ہو گیا
ہر مہینے اب تو صابن سے نہا سکتا ہوں میں"

"التواء"

وہ بیس فروری کو وصل پر تھے آمادہ

ہوا تھا فیصلہ یہ خوب بھاؤ تاؤ کے بعد

سنی جو ڈیٹ الکشن تو یہ کہنے لگے

ہم اب بیاہ کریں گے نئے چناؤ کے بعد

"چارۂ کار"

خلیج محنت و سرمایہ مٹ ہی جائے گی!!

جو ٹھیک طرح سے ہم سب کے پیٹ بھر جائیں

اگر نہیں ہے یہ ممکن تو پھر یہ ہو جائے

امیر زندہ رہیں، اور غریب مر جائیں۔

"سیاسی گیہوں"

کتنی اقسام ہیں گیہوں کی، ہمیں کیا معلوم

ہم سے مت پوچھو یہ تازہ ہے کہ باسی گیہوں

ہم تو اس باب میں اتنا ہی بتا سکتے ہیں !

ہم کو امریکہ سے ملتا ہے سیاسی گیہوں

"سیاسی پاگل"

ہم الیکشن کی سیاست سے الگ تھے جب

ہم کو معلوم نہ تھا لفظ سیاسی کا محل

آجتک جیل میں دیکھے تھے سیاسی قیدی

اس الیکشن میں نظر آئے سیاسی پاگل

"خود رائے"

کیوں ہماری رائے کے بارے میں آج
لوگ ہم سے وعدہ لینے آئے ہیں
ہم کسی کو رائے کیا دیں گے فگار
ہم ہمیشہ سے بڑے "خود رائے" ہیں۔

"مونڈھا"

کونسل میں تو بڑے جھگڑے ہیں
بندہ تنہا ہی بہت اچھا ہے
ہم کو کرسی کی تمنا ہی نہیں
اپنا مونڈھا ہی بہت اچھا ہے

ایک جوکر!

ٹھیک لکھا ہے سیاست نے کہ کلکتہ میں آج
ہیں ترپن[۵۳] ایک کرسی کے لئے اُمیدوار
یہ بھی لکھ دیتا کہ ان میں کام کے باون[۵۲] ہی ہیں
اور اک جوکر ہے، یعنی صرف گنتی میں شمار

منظومات

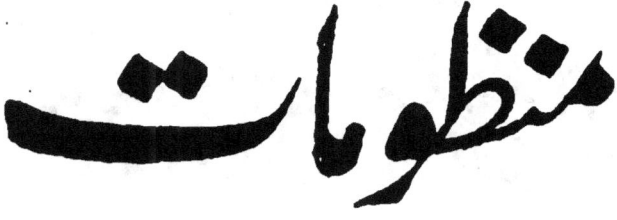

"آج کا اسٹوڈنٹ"

میں اسٹوڈنٹ ہوں سارے جہاں سے میرا ناتا ہے
مری تقدیر کا کھاتا، عجب اندھیر کھاتا ہے
تنزل باپ ہے میرا، جہالت میری ماتا ہے
زمانہ میری بربادی پہ کیوں آنسو بہاتا ہے

میں اپنے وقت کا سب سے بڑا فرہاد مجنوں ہوں
مجھے دیکھو کہ میں کیا ہوں یہ مت سوچو کہ میں کیوں ہوں

مری صورت ہے نورانی، مرا حلیہ ہے جاپانی
مری بدھی ہے یونانی، مری فطرت ہے رومانی
مری قسمت میں لکھی ہے دربانوں کی دربانی
میں پروانہ سنیما کا، ثریا میری پروانی

سر بازار بھی میں دل کا گولہ پھینک سکتا ہوں
جمال یار کی گرمی سے آنکھیں سینک سکتا ہوں

میں ہر ذلت کو اپنے حق میں اک اعزاز سمجھتا ہوں
میں ہر گھوڑے کو ٹٹو، ہر ہرن کو خر سمجھتا ہوں
میں اپنے اگریکلچر ہی کو کلچر سمجھتا ہوں
میں ہر بھتنی کو شہناز وِپری پیکر سمجھتا ہوں
میں سن سڑسٹھ کے ہر ٹیچر کی ہیروئن پہ مرتا ہوں
محبت میرا پیشہ ہے، یہ بزنس میں بھی کرتا ہوں
مری نالج نہ پوچھو میرا ہر مضمون ہی انڈا ہے
مرا سوزِ دروں، جذبِ دروں مدت سے ٹھنڈا ہے
مرے ہاتھوں میں اب تو جنگ آزادی کا جھنڈا ہے
سیاست میری گلی ہے، الکشن میرا ڈنڈا ہے
میں اب نیتا بنوں گا قوم کو رستہ دکھاؤں گا
بہت کچھ بن چکا الّو، اب اوروں کو بناؤں گا

میں یو این او کو امریکہ کا اک صوبہ سمجھتا ہوں
الزبتھ کو میں سر سید کی محبوبہ سمجھتا ہوں
اگر لکھا ہو فطلوبہ تو مطلوبہ سمجھتا ہوں
نہ میں ہندی سمجھتا ہوں نہ میں منصوبہ سمجھتا ہوں

لکھا ہے ض سے زیتون و زنجیر و ذکی میں نے
کیا ہے ترجمہ خوش قسمتی کا گڈ لکی میں نے

مجھے اردو ادب میں کوئی بھی کامل نہیں ملتا
پڑھوں ہندی تو اس سے بھی سکونِ دل نہیں ملتا
اور انگریزی میں کوئی رائٹر کامل نہیں ملتا
میرا سپنسر سے مستغنی ہوں مجھ سے مل نہیں ملتا

نہ ہندی ہے زباں میری، نہ اردو ہی زباں میری
زباں مادری کچھ بھی نہیں، گونگی ہے ماں میری

ہمیشہ امتحاں میں فیل ہونا میری عادت ہے
میری کوشش سے قائم فیل ہونے کی روایت ہے

اگر میں پاس ہو جاؤں تو کالج سے بغاوت ہے،
میں جس کالج میں پڑھتا ہوں مجھے اُس سے محبت ہے،

کوئی بھی امتحاں ہو فیل ہونا میرا ہابی ہے
مری ناکامیابی در حقیقت کامیابی ہے

میں جب چھوٹا تھا ہر ماسٹر سے مار کھاتا تھا
دبا کر اپنی دم ہر کالج سے اکثر بھاگ جاتا تھا
مجھے پڑھنا نہ آئے گا۔ نہ آتا ہے نہ آتا تھا
میں اکثر اپنے درجہ ہی میں فلمی گیت گاتا تھا

اسی درجہ میں اب بھی تازہ فلمی گیت گاتا ہوں
بریلی کے بڑے بازار میں جھمکا گراتا ہوں

محلہ میں سبھی بوڑھے بڑے دم میرا بھرتے ہیں
رہے والدہ بیچارے مری صورت سے ڈرتے ہیں
ادب میرا مرے کالج کے کچھ ٹیچر بھی کرتے ہیں
کھلے میدان میں اکثر میرے جوہر نکھرتے ہیں

مجھے انڈور مت ڈھونڈو، میں آؤٹ ڈور رہتا ہوں
کبھی بھوپال رہتا ہوں، کبھی میسور رہتا ہوں

بڑی مشکل سے آپایا ہوں دسویں سے انٹر تک
نہیں تھا امتحاں میں یاد مجھ کو رول نمبر تک
لکھوں تو کیا لکھوں آتی نہیں مجھ کو گرامر تک
یہ عالم ہے کہ پڑھ سکتا نہیں انگلش پیپر تک

سوالِ لازمی کا آنسر فی الفور کیا لکھوں
بجز اس کے گھر پہ خیریت ہے اور کیا لکھوں

مرا دل تنگ ہے کیمسٹری کے فارمولوں سے
طبیعت بھر گئی ہے، ارتھمیٹک کے اصولوں سے
کہاں تک دل کو بہلاؤں میں ان کاغذ کے پھولوں سے
یہ عالم لوگ بھی کچھ کم نہیں سوکھے ببولوں سے

انھی کے جال میں بے سوچے سمجھے پھنس گیا ہوں میں
مجھے باہر نکالو، اک کنوئیں میں دھنس گیا ہوں میں

"شرط خودکشی"

دیکھ کر اک خبر سیاست میں — ہوگیا رخشِ فکر گرم خرام

گھر سے نکلا تھا خودکشی کے لئے — اک بہادر، بڑا قوی اندام

لبِ دریا پہونچ گیا کہ یہی — خودکشی کا ہے بہترین مقام

لب دریا کھڑا ہوا یہ شخص — سوچتا تھا کہ اب کیا اقدام

ٹھنڈے پانی پہ جب نگاہ پڑی — جتنی تر کی تھی ہوگئی وہ تمام

اُس نے سوچا کہ اس طریقہ سے — جان دینا ہے بزدلوں کا کام

خودکشی فرض ہی سہی لیکن — ٹھنڈے پانی میں ڈوبنا ہے حرام

ٹھنڈے پانی میں ڈوب مرنے سے — ہو بھی سکتا ہے نزلہ و رز کام

اور پھر خودکشی گناہ بھی ہے — منع کرتا ہے اس سے خود اسلام

خودکشی اور اس زمانہ میں — آسماں پر ہیں جب کفن کے دام

خودکشی ہو تو اس طریقہ سے — جس سے مردہ کو مل سکے آرام

یہ خیالات تھے کہ جنکے سبب — کوششِ خودکشی ہوئی ناکام

ملک الموت کو یہ لازم ہے سمجھے اس واقعہ کو ایک پیغام
خودکشی کرنے والوں کی خاطر ہر طرح کی سہولت ہو تمام
ٹھنڈے پانی میں آ نہ ڈوبیں گے
ان کی خاطر بنے کوئی حمام ! !

―――――――――

"مکہ مدینہ"

سناتا ہوں تمہیں آج ایک لطیفہ ملا ہے مجھکو جو سینہ بہ سینہ
فنا صاحب کہ جنکا ذہن بیدار لطائف کا تھے ایک شاہی خزینہ
وہ راوی ہیں کہ اک بیٹا کسی کا مکمل مرد، اولادِ نرینہ
نئی طرزِ خطابت لیکے اٹھا ڈبونے کو قدامت کا سفینہ
نئی خط و کتابت کا یہ موجد سمجھتا تھا، خطابت کا قرینہ
نہیں پہونچے تھے جس منزل پہ غالب وہاں یہ چڑھ گیا بے طاق و زینہ
نئے انداز سے خط اس نے لکھا کہاں کی ڈیٹ اور کیسا مہینہ!
نہ لکھا قبلہ و کعبہ پدر کو بجز اکچھ اور ہی خط میں نگینہ
گذر کر ان حدوں سے اُس نے لکھا
مرے والد، مرے مکہ مدینہ

"گدھے کا قتل"

ایک خبر تھی کہ بارہ بنکی میں کسی شخص نے ایک گدھا مار دیا یہی خبر اس نظم کی محرّک ہے۔

بارہ بنکی سے ملی ہے یہ المناک خبر
ایک انساں نے کیا، ایک گدھے کا مرڈر

ہائے یہ قتل کہ جسمیں کوئی ملزم نہ وکیل
نہ عدالت نہ وکالت، نہ ضمانت نہ اپیل

ایں چہ ظلم است کہ با دیدۂ ترمی بینم
تیغ قاتل ہمہ بر گردنِ خرمی، بینم

خر بھی اب جنگ کو تیار نظر آتے ہیں
عالمی جنگ کے آثار نظر آتے ہیں

Murder

اس سے پہلے کہ بھڑک اٹھیں گدھوں کی جذبات
خرِ مقتول کے بارے میں یہ ہو تحقیقات

کہیں یہ قتل سیاست کا نتیجہ تو نہیں؟
مرنے والا کسی لیڈر کا بھتیجا تو نہیں؟

کہیں اس قتل کے پیچھے کوئی سازش تو نہیں؟
کہیں یہ بھی کمیونسٹوں کی نوازش تو نہیں؟

کہیں اس قتل کے پیچھے کوئی رومان نہ ہو
کہیں یہ قتل کسی منظم کا عنوان نہ ہو!

کہیں بیمارِ غمِ دل تو نہیں تھا یہ گدھا
کہیں خود اپنا ہی قاتل تو نہیں تھا یہ گدھا

مجھ کو ڈر ہے یہ گدھا حق کا پرستار نہ ہو
ذوق کے دور میں غالب کا طرفدار نہ ہو

اگر ایسا ہے تو اس قتل پہ افسوس ہی کیا
مرنے والا بھی گدھا، مارنے والا بھی گدھا

ہاں مگر غم ہے تو اس کا کہ جواں تھے موصوف
صرف اک خر ہی نہیں، فخرِ خراں تھے موصوف

ایک حیوان جو ہم سب سے بڑا اتھا نہ رہا
شہر میں ایک ہی معقول گدھا تھا نہ رہا

آؤ اس ظلم پہ کچھ دیر کو اب پچھتائیں
دو منٹ کے لیے خاموش کھڑے ہو جائیں

"ووٹر کی پوزیشن"

یہ فروری میں الیکشن جو آنے والا ہے
مجھے تو اس نے بڑے مخمصے میں ڈالا ہے

امیدواروں کا ہر سمت اک ہالا ہے
جو ان میں گورا ہے کوئی تو کوئی کالا ہے
یہ رنگ و نسل کا جھگڑا ہے اس میں کون پڑے
اُمیدوار یہ تگڑا ہے اس سے کون لڑے

اُمیدوار ہے لیلیٰ کہیں، کہیں مجنوں !
کسی کے لب پہ غٹر غوں کسی کے گٹر گوں

کسی کے ساتھ جماعت تو کوئی شروں ٹوں
سوال یہ ہے کہ میں ووٹ کو کہاں پھینکوں
میں اپنا ووٹ کسے دوں؟ مجھے بتائے کوئی
میں ہر طرف سے گھرا ہوں مجھے بچائے کوئی
کوئی ہے ان میں مسلمان کوئی ہندو ہے
کہیں چراغ نشاں ہے، کہیں ترازو ہے
زباں کسی کی ہے ہندی کسی کی اُردو ہے
جو اِن زبانوں کی خاطر لڑے وہ اُلّو ہے
میں ان زبانوں کو کیوں وجہ انتخاب کروں
تو پھر بتاؤ کہ میں کس کو کامیاب کروں

میں کس کے نام لکھوں ملک و قوم کا ٹھیکا
یہ میرے باپ کا محسن وہ میرے بیٹے کا
امیدواروں میں ایک روز ہوگا پھر ایکا
مگر یہ ووٹ سبب بن گیا جو جھگڑے کا!!
ہوا عمل کا یہ ردّ عمل تو کیا ہوگا!!!
پلاؤ کھائیں گے سب میرا فاتحہ ہوگا
کبھی خوشی کہ فلاں شہسوار جیتے گا
کبھی یہ غم کہ فلاں کاشتکار جیتے گا
کبھی یہ آس کہ اپنا ہی یار جیتے گا
کبھی یہ خوف کہ سرمایہ دار جیتے گا

شکست و فتح تو قسمت پہ ہے ولے اے امیر"
ہیں اپنا ووٹ کسے دوں یہ فکر دامنگیر

مجھے بتاؤ کہ میں کس کو اپنا ووٹ دوں اب
کسی چال قیامت کسی کی ڈھال غضب
کسی کی دھونس کسی کا سکوت ووٹ طلب

کبھی یہ فکر کہ بدھو ہے میرا ہم منصب
کبھی یہ وہم کہ نتھو نے کیا خطا کی ہے
کبھی یہ غور کہ جمتا بھی اشتراکی ہے!

کبھی یہ فکر فلاں کینڈیڈیٹ اچھا ہے
وہ آدمی ہے یقیناً کریٹ اچھا ہے

بس ایک ووٹ کے دو سو یہ ریٹ اچھا ہے

اسی بہانہ سے بھر جائے پیٹ اچھا ہے

کبھی یہ فکر کہ بڑھ نہ جائے ووٹ کی قیمت

کم از کم اتنی کہ مل جائے کوٹ کی قیمت

دلے تو کم سے کم اِک گرم کوٹ کی قیمت ،

کبھی یہ غم کہ الیکشن زمانہ سازی ہے

یہاں جو کچھ ہے برائے شکم نوازی ہے

یہاں خدا بھی حقیقی نہیں مجازی ہے

یہ ممبری نہیں اک تاش کی سی بازی ہے

وہ شو کرے گا جو بیگم چھپائے بیٹھا ہے

وہ کیا لڑے گا جو پنجہ دبائے بیٹھا ہے

"ہندوستان کے دریا"

انڈیا اک ملک ہے جسکا نیا جغرافیہ
میں بطرزِ نو سُناتا ہوں بقیدِ قافیہ

ہند کا سب سے بڑا دریا ہے دریائے فراق
ایسا دریا پیش کر سکتے نہیں مصر و عراق

اپنے دامن میں متاعِ بے بہا لایا ہے یہ
اپنی موجوں میں کتب خانے بہا لایا ہے یہ

پوربی بھارت میں نکلا ہے گو رکھپور سے
لوگ اس کو دیکھنے آتے ہیں کافی دور سے

ہندی و اردو کو اک مرکز پہ لانے کیلئے
اس نے اک سنگم بنایا ہے زمانہ کے لئے

بمبئی میں اک دریائے علی سردار ہے
بس ہر قطرہ ترقی کا علمبردار ہے

سُنئے دریائے علی سردار کے پانی کا حال
دُور سے دیکھو تو نیلا، پاس سے دیکھو تو لال

وہ اک دریا ہے ساحر جو مزاجاً نرم ہے
خود تو یہ ٹھنڈا ہے لیکن اسکا پانی گرم ہے

سُرخ مٹی اسمیں بہہ کر آگئی ہے بے حساب
جسمیں آسانی سے اُگ سکتا ہے نخلِ انقلاب

مغربی پنجاب سے آیا ہے اک دریا یہاں
ایسا دریا جسکو کہئے ایک بحرِ بیکراں

کیا تعجب ہے اگر جوش و روانی اس میں ہے
چشمۂ محرومؔ کا شفاف پانی اسمیں ہے

نام اس دریا کا ارباب ادب کو یاد ہے
کیونکہ اس انداز کا دریا فقط آزاد ہے

خاص دریاؤں میں اک دریا ہے دریائے نشور
اٹلس میں دیکھئے منبع ہے اسکا کانپور

صاف میدانوں میں چکراتا ہوا بہتا ہے یہ
سخت چٹانوں سے ٹکراتا ہوا بہتا ہے یہ

خاص دریاؤں میں اک دریا ہے دریائے شکیل
اسکی گہرائی کے آگے ہیچ ہے دریائے نیل

ایک دریا جسکو ہونا تھا فرازِ عرش پر

خاکساری میں اتر آیا ہے سطحِ فرش پر

اس کی موجوں میں ترنم بھی ہے طغیانی بھی ہے

فلم کے گیتوں کی سیرابی کا یہ بانی بھی ہے

اٹلس میں نام اس دریا کا ہے دریائے عرش

اس کی شہرت کو زمانے میں ہوئے کتنے ہی ورش

خاص دریاؤں میں اک دریا ہے انور صابری

اسکا پانی قوم کے کھیتوں کو ملتا ہے فری

بشش دریا ہے جو چوڑا بھی ہے گہرا بھی ہے

ہے یہی باعث کہ اسپر فوج کا پہرا بھی ہے

اور اک دریا محی الدین یا مخدوم ہے
اس کا منبع ہے کہاں یہ راز نامعلوم ہے

رنگ اس دریا کا بالکل سرخ ہے جیسے بلڈ
بعض اوقات اس میں آ جاتے ہیں ہنگامی فلڈ

زور اس نے پھر دکھایا تھا، ابھی کچھ دن ہوئے
اک تلاطم اس میں آیا تھا، ابھی کچھ دن ہوئے

بعض عالم کہتے ہیں دریا ہے دریائے سرور
ٹھیک ہو ان عالموں کی بات یہ بھی کیا ضرور

اور دریاؤں کو جو نا پے یہ وہ پیمانہ ہے
جو اسے دریا سمجھتا ہے وہ خود دیوانہ ہے

شاؔد اک دریا ہے جسکی ہر ادا ہے لاجواب
اور دریاؤں میں پانی ہے مگر اسمیں شراب
یونہی گر بہتی رہی اسمیں شراب خانہ ساز
خشک ہو جائے گا یہ مانند دریائے مجاؔز

"کون دشمن ہے"

جنگ ہند و پاکستان کے دوران جناب علی سردار جعفری نے ایک حسین نظم "کون دشمن ہے" کہی تھی جس کا مقصد ہند و پاک کے درمیان یکجہتی پیدا کرنا تھا۔ میں نے جعفری صاحب کی اسی نظم کے کچھ پہلے مصرع اڑا کر دوسرا مصرعہ اپنے رنگ میں دے دیا ہے میرے اس ڈاکے کو غالباً جعفری صاحب نے بھی معاف کر دیا ہے۔ (دلاور فگار)

دیارِ وارث و اقبال کا یہ تحفہ ہے؟
ہمارے نام نئے سال کا یہ تحفہ ہے؟

"ادب سے آؤ کہ غالب کی سرزمیں ہے یہ"
ادب سے آؤ کہ خالہ کا گھر نہیں ہے یہ

"ادب سے آؤ کہ ہے میر کا مزار یہاں"
ادب سے آؤ کہ شاعر ہیں بے شمار یہاں

"نظامؔ و کاکیؔ و چشتیؔ کے آستانہ ہیں"
جہاں دلوں پہ چلا ہمدرد کارخانے ہیں

"اٹھے ہو برق گرانے کبیر کے گھر پر"
مرید بن کے چڑھ آئے ہو پیر کے گھر پر

"کدھر چلے ہو یہ شمشیر آزمانے کو؟"
یتیم خانہ نہ سمجھو غریب خانے کو

"ادھر بہن ہے کوئی بھائی، کوئی عزیز"
پلیز چیک دی لسٹ آف جنٹس اینڈ لیڈیز

"پرانے بادہ پرستوں کی یادگار کوئی"
جوان بادہ کشوں کا بزرگوار کوئی

"رقیبِ محبس و زندان رقیبِ دار کوئی"
روایتوں کی عدالت سے فرار کوئی

"ہماری طرح سے رسوا کے کوئے یار کوئی"
کئی ہزار کوئی بلکہ بے شمار کوئی!!!

"ہمارے پاس ہے کیا دردِ مشترک کے سوا؟"
ہمارا کوئی بھی دشمن نہیں فلک کے سوا

"بہت بلند سہی نفرتوں کی دیواریں"
ابھی گریں گی اگر ان پہ لات ہم ماریں

"انھیں ہم ایک نظر سے گرا بھی سکتے ہیں؟"
تمہیں کراچی سے دہلی بلا بھی سکتے ہیں۔

"مگر یہ شرط ہے تینوں کو توڑنا ہوگا"
شکستِ دل کو سلوشن سے جوڑنا ہوگا

"تم آؤ گلشنِ لاہور سے چمن بر دوش"
تمہاری فوج کے لیڈر بنیں جنابِ جوش

"ہم آئیں صبحِ بنارس کی روشنی لیکر"
دلوں میں جذبۂ سردار جعفری لیکر

"پھر اس کے بعد یہ پوچھیں کہ کون دشمن ہے"
جواب لکھ کے دکھاؤ برٹن کو لشیچن ہے،

لے WRITTEN QUESTION تحریری سوال

"شاعر اور جنگ"

یہ نظم ہند و پاک جنگ ستمبر ۱۹۶۵ء کے دوران تاشقند کانفرنس سے پہلے کہی گئی تھی لیکن اس کا مقصد بھی وہی ہے جو تاشقند کانفرنس میں طے کیا گیا تھا۔

ہمارے شاعروں کی ایک فوج ہے نیشنل سینا
کوئی آسان سمجھا ہے ہمارا گھر جلا دینا

ہماری فوج کے جنرل بڑے نامی گرامی ہیں
شکیل و ساحر و آزاد ہیں ساغر نظامی ہیں

جواب ان کا نہیں ان کی ادب پرور مساعی میں
غزل میں، نظم میں، گیتوں میں، قطعوں رباعی میں

غزل کی فلیڈ میں ہیرو ملیں گے بے شمار اپنے
سحر اپنے قمر اپنے ہیں عرش اپنے خمار اپنے

محاذِ شعر پر بیکل جو پڑھنے گیت جائیں گے
تو ہم اس مورچہ پر بھی یقیناً جیت جائینگے

نشورؔ واحدی میجر ہیں اپنی جس ڈویژن کے
اسے کیا ختم کر پائیں گے پیٹن ٹینک دشمن کے

نہیں پروا جو کچھ دشمن بھی شاعر ہیں صحافی ہیں
ہمارے ایک انورؔ صابری لاکھوں کو کافی ہیں

قلم آپس میں ٹکرائیں، چلو یونہی سہی صاحب
ادھر بھی جعفری صاحب، ادھر بھی جعفری صاحب

چلو یہ فیصلہ ہو جائے کسکی فوج ہے بھاری
ادھر بھی اختر انصاری، ادھر بھی اختر انصاری

۱۔ علی سردار جعفری ۲۔ سید محمد جعفری ۳۔ اختر انصاری اکبرآبادی ۴۔ اختر انصاری دہلوی۔

ہماری اب بھی یہ کوشش ہے یہ نوبت نہیں آئے
ہماری اب بھی یہ خواہش ہے یہ طوفان رک جائے

فراق و جوش یہ کہہ کر گلے مل جائیں آپس میں
کہ ہم شاعر کبھی مٹنے نہ دیں گے پیار کی رسمیں

قلم کی ایک منزل ہے، ادب کا ایک جادہ ہے
فراق و جوش کی دو بوتلیں ہیں ایک بادہ ہے

"کرایہ کا مکان"

چھپا ہے آج سیاست میں یہ اہم اعلان
کرایہ کے لئے خالی ہے اک وسیع مکان

یہ گھر مقام مسرت ہے جسم و جاں کے لئے
صلائے عام ہے یارانِ بے مکاں کے لئے

پتہ مکان کا حاضر ہے نوٹ کیجئے ضرور
مکان نمبر اٹھاسی، محلّہ بیشکا پور

لکھا ہوا ہے ابھی اس مکان پر ٹو لیٹ
جو اس میں رہنا ہے صاحب تمہیں ڈونٹ بی ٹو لیٹ

نہ گھر میں طاق ہے کوئی نہ کوئی الماری
نہ کوئی در کہ ہوا آنے میں ہو دشواری
نہ چوکھٹیں ہیں، نہ کڑیاں، نہ کوئی دروازہ
بکھر چکا ہے، ہر اک کوٹھری کا شیرازہ
بتا رہی ہے یہ اس گھر کی چار دیواری
کسی زمانہ میں اس پر ہوئی تھی بمباری
ہیں اس مکان میں مرحوم عاشقوں کے مزار
وہی شہید جو اس گھر میں تھے کرایہ دار
کل اک شہید یہاں سوتے سوتے جاگ اُٹھا
کرایہ دار اسے دیکھتے ہی بھاگ اُٹھا

عجب نہیں ہے جو اس گھر میں کوئی روح ہو بد
سُنا ہے خانۂ خالی کو دیو می گیرد

جو اس مکان میں رہے اپنا بیمہ کروالے
کہ وہ مرے تو نہ گھبرائیں اُسکے گھر والے

عجائبات جہاں میں ہے، اس مکان کا نام
کہ جیسے چین کی دیوار مصر کے اہرام

انیسِ وحشتِ دل مکاں کی ویرانی
کہ شب کو کرتے ہیں اُلّو یہاں غزل خوانی

ہمارے حال زبوں کا فسانہ ہے یہ مکاں
برائے قوم اک آئینہ خانہ ہے یہ مکاں

یہ گھر بتاتا ہے ہم کو کہ اب ہمارا سماج
شکستہ ہو کے بھی سیمنٹ کا نہیں محتاج

یہ گھر بہت ہی کشادہ ہے، خوبصورت ہے
اور اسمیں ایسے ہی ٹینٹ کی ضرورت ہے

امیدوار مکاں یہ حلف اٹھائے گا
وہ مر گیا تو یہیں قبر بھی بنائے گا

یہ شرط بھی ہے کہ وہ صاحب عیال بھی ہو
اور عنقریب اسے امید انتقال بھی ہو

بھگت رہا ہو ابھی تک نتائج شادی
بڑھا رہا ہو ابھی انڈیا کی آبادی

نہیں ہے قید کوئی رند و پارسا کے لئے
غریب خانہ ہے موجود ہر بلا کے لئے

"شاعر کی پریشانی"

کسی مشاعرہ سے قبل ایک شاعر کو
یہ فکر تھی کہ کمی انتظام میں کیا ہے

وہ کہہ رہا تھا کہ اے بانیان بزم سخن
کلام تو میں پڑھوں گا، کلام میں کیا ہے

نہیں خواص مرے قدرداں، تو بھاڑ میں جائیں
یہ دیکھئے مری شہرت عوام میں کیا ہے

نہ مجھ کو دودھ سے پرہیز ہے، نہ وسکی سے
فضول بحث حلال و حرام میں کیا ہے

مجھے شراب سے مطلب ہے، برتنوں سے نہیں
میں اوک سے بھی چڑھا لوں گا، جام میں کیا ہے

ملی نہ وسکی تو ٹھرا ہی نوش کر لوں گا
مجھے تو کام سے مطلب ہے نام میں کیا ہے

مجھے یہ ضد بھی نہیں ہے کہ سب کے بعد پڑھوں
مجھے کہیں بھی کٹا دو، مقام میں کیا ہے

نہ یہ ضرور کہ ہوٹل میں مجھ کو ٹھہراؤ
مجھے کہیں بھی لٹا دو، قیام میں کیا ہے

ملے گی داد تو آداب عرض کر لوں گا
روایتاً ہی سہی، اک سلام میں کیا ہے

مگر مجھے تو ہے اس وقت یہ پریشانی
ڈنر بھی ہے کہ نہیں اور طعام میں کیا ہے

"میڈل کا شکوہ"

عرصہ ہوا کہ بدایوں میں ایک طرحی مشاعرہ مقابلہ کے لئے ہوا تھا۔ طرح تھی، "توڑ دے آج تو پیمانہ و ساغر ساقی"۔ مشاعرہ میں کامیاب ترین غزل پر ایک طلائی تمغہ بطور انعام بدایوں کے کہنہ مشق اور خوش فکر شاعر میرے مخلص دوست مسٹر رادھا رمن جوش کو دیا گیا تھا۔ میں نے یہ اشعار اس مشاعرے کے بعد تقریباً طرح میں کہہ لئے تھے

(فگار)

نہیں گذری ہے شرافت تجھے چھو کر ساقی
تو بھی لوفر ہے، ترا باپ بھی لوفر ساقی

جوش صاحب ہی کو کیوں تو نے دیا ہے میڈل
وہ ترے باپ ہیں یا تیرے برادر ساقی،

میں ترا دوست تھا لیکن مجھے زہر ہی دیا
اور دشمن کو پچھتر میں پچھتر ساقی

کس کو حق ہے، ہمیں میزانِ ادب پر تولے؟
کون اشعار پہ دے سکتا ہے نمبر ساقی

میں تو شاگرد ہوں کچھ کہہ نہ سکوں گا لیکن
کوئی اُستاد نہ ہو جائے تیرے سر ساقی

ایک کپ چائے ہی رونق کو پلا دی ہوتی
وہ بھی استاد ہے، چوٹی کا سخنور ساقی

کیوں ہیں انعام سے محروم پیام و نشتر
دورِ جمہور میں تو سب ہیں برابر ساقی

اچھے شاعر ہیں یہ شاداں بھی انھیں کیوں چھوڑا
ایک اخبار کے ہیں یہ بھی اڈیٹر ساقی

نہ دیا مجھ کو اگر تو نے طلائی تمغہ
ڈال لوں گا ترے دروازہ بستر ساقی

ناز ہے تجھ کو اگر اس پہ کہ تو ساقی ہے
میں بھی کچھ طنز نگاروں کا ہوں لیڈر ساقی

جوش کو تمغہ ملے اور یونہی رہ جائے فگار
ظلم ہے ظلم۔ یہ انعام سراسر ساقی

"احمقوں کی کانفرنس"

ایک خبر ہم نے پڑھی تھی کل کسی اخبار میں
احمقوں کا ایک جلسہ تھا کہیں بازار میں

ہر نمونہ کا چغد حاضر تھا اس دربار میں
جیسے ہر ٹائپ کا عاشق کوچۂ دلدار میں

تھا ہر اک مہماں یہاں ناخواندہ و خود ساختہ
کوئی ان میں صاحبِ دل تھا کوئی دل باختہ

سب سے پہلے اک بڑا احمق ہوا یوں شعلہ بار
جنٹلمین اینڈ لیڈیز آر وہاٹ ایور یو آر

آج اعصابِ وطن پر عقل و دانش ہیں سوار
ختم ہوتا جا رہا ہے، احمقوں کا اقتدار

احمقو! جاگو تمہاری آبرو خطرہ میں ہے
جس کے ساکن ہو وہ شہر آرزو خطرہ میں ہے

ہر حماقت کا کوئی مفہوم ہونا چاہیئے
کیوں حماقت کی گئی، معلوم ہونا چاہیئے

آدمی کو عقل سے محروم ہونا چاہیئے!
کیا ضرورت ہے ہما کی بُوم ہونا چاہیئے

اس لئے ہم نے بنایا ہے یہ مینی فیسٹو
"من ترا احمق بگویم، تو مرا احمق بگو"

بھولتی جاتی ہے دنیا اب یہ قول مستند
عقل چوں پختہ شود انسان احمق می شود

فطرتاً احمق ہو جو انساں نہیں ہوتا وہ بد
سب سے اعلیٰ قسم کے احمق کو کہتے ہیں چُغد

کچھ سہی اک جزِ محبت اُس کا نصیب العین ہے
وہ بھی اس انساں سے اچھا ہے جو بزنس مین ہے

ہاں جوابِ گاندھی و قدوائی و نہرو ہیں ہم
عقل کے پتلے تھے وہ اور کاٹھ کے اُلو ہیں ہم

ہم نے یہ مانا وہ بُدھی مان تھے، بُدھو ہیں ہم
قوم کے خادم تھے وہ انگریز کے پٹھو ہیں ہم

عقلمندوں کا فسانہ وقت جب دہرائے گا
ہم گدھوں کا نام بھی تاریخ میں آ جائے گا

ہم ہیں احمق اس لئے اُردو زباں کے ہیں خلاف
اور ہم ہندی کے بھی دشمن ہیں گستاخی معاف
فارسی میں ہم ہیں کورے، خود ہمیں ہے اعتراف
رہ گئی انگلش تو اس سے ہے اصولاً اختلاف

ہم یہ کہتے ہیں کہ بھارت کی زباں کوئی نہ ہو
صرف اشارے ہوں، لبوں پر داستاں کوئی نہ ہو

اب رہا یہ مسئلہ کپڑے نہیں ہیں اپنے پاس
اس کے بارے میں ریزولوشن کیا جائیگا پاس
اطلس و کمخواب رہنے دیں ہمکو نہیں آئیں گے راس
سب سے اچھا ہے کہ پہنیں لوگ پتوں کا لباس

انڈ خربوزہ کا پتہ ہو کہ ہو انجیر کا
قدرتی ہو پیرہن ہر پیکر تصویر کا

ہم وزیر داخلہ کو دیں گے یہ ٹیلی گرام
آپ ہمدرد وطن ہیں، آپ غمخوار عوام
عقلمندوں پر نوازش آپکی ہے صبح و شام
کچھ نہ کچھ ہم بیوقوفوں کا بھی کیجئے انتظام
احمقوں کے حق میں کچھ احکام جاری کیجئے
اکثریت میں ہیں یا ہم مردم شماری کیجئے

"یہ بمبئی ہے"

وسکی وسولن کا آبائی وطن ہے بمبئی
لندن وپیرس کی سوتیلی بہن ہے بمبئی
مختلف دولہے ہیں جسکے وہ دلہن ہے بمبئی
فلم وعلم وعشق کی اک انجمن ہے بمبئی

بمبئی جس نے بسایا وہ بڑا استاد تھا!
ورلڈ کا جغرافیہ اس کو زبانی یاد تھا

بمبئی میں عشق فرمانا بہت آسان ہے
اس تجارت میں منافع کا بہت امکان ہے
عشق والوں کو یہاں میدان ہی میدان ہے

بمبئی کا تجزیہ ماہر رومان سے ہے!

دیدار اول وصل کا پیغام ہوتی ہے یہاں
حسن کی دوشیزگی نیلام ہوتی ہے یہاں

تاجرانہ عشق یاں کا خاص ایٹی کیٹ ہے
یاں اگر عاشق ہے موٹا عشق میں بھی ویٹ ہے

یاں سبھی بھوکے ہیں لیکن اپنا اپنا پیٹ ہے
اپنا اپنا مارکٹ ہے، اپنا اپنا ریٹ ہے

شیخ جی بکتے رہیں ایسا ہے ویسا ہے خدا
بمبئی والے یہ فرماتے ہیں پیسہ ہے خدا

عشق کے میداں میں یاں گھوڑے بھی سائیں بھی
عقل کی محفل میں یاں جبریل بھی ابلیس بھی

حسن کے بازار میں یاں تھان بھی کٹ پیس بھی
چار سو بیسوں کے لیڈر آٹھ سو چالیس بھی

بمبئی وہ زو ہے جس میں شیر بھی گیدڑ بھی ہیں
یہ وہ جنگل ہے جہاں شیشم بھی ہیں گولر بھی ہیں

حسن یاں ہنس ہنس کے کہتا ہے کہ میخانے میں چل
عشق کہتا ہے کہ مس چھمو کے کاشانے میں چل
وحشتِ دل کا تقاضا ہے کہ ویرانے میں چل
اور پولس کہتی ہے میرے ساتھ تھانے میں چل
جیب کہتی ہے ابے الّو یہاں سے بھاگ جا
یا بدایوں کا ٹکٹ لے یا سوئے پریاگ جا
دل کو بہلانے یہاں تم کھیل میں جاؤ تو رش
سنٹرل سے باندرہ تک ریل میں جاؤ تو رش
چھوڑ کر جنتا کو پونا میل میں جاؤ تو رش
قوم کی خدمت کے بدلے جیل میں جاؤ تو رش
ہے یہاں یہ حکم ہر مجبور و بے کس کے لئے
صبح سے لائن لگا دے شام کی بس کے لئے

بمبئی ہے اک غزل گو جس کا قافیہ
دودھ ہی سمجھا یہاں پانی بھی جس نے پی لیا
کون آٹے میں ملا سکتا تھا املی کا چیا
ملک والوں کو یہ فن اے بمبئی تونے دیا

ہے تصنع عام یاں ہر جنس میں ہر ذات میں
حسن جاناں بھی یہاں شامل ہے مصنوعات میں

ہے یہاں ایک مرحلہ ایسا جو سر ہوتا نہیں
یعنی گھر داماد تو ہو جاتی ہے گھر ہوتا نہیں
بام ہوتا ہے اگر گھر میں تو در ہوتا نہیں
یعنی گھر معلوم ہوتا ہے مگر ہوتا نہیں

ایک شوہر، ایک بیگم ایک بھاوج، ایک نند
بے تکلف ایک ہی کھولی میں ہو جاتے ہیں بند

گفتگو میں بھی یہاں اک خاص اندازِ عوام
کل کسی سے کہہ رہے تھے اک بزرگ نیک نام
ہم تو سالا روز تم سالے کو کرتا ہے سلام
اور تم سالا کبھی کرتا نہیں ہم سے کلام
ہم برو بر بات کرتا ہے اپن جھوٹا نہیں
تم تو بنڈل پھینکتا ہے، مال ابھی چھوٹا نہیں
بمبئی میں سینکڑوں علمی و فلمی شخصیات
وہ پروڈیوسر کہ جنکے جام میں آبِ حیات
وہ ایڈیٹر جنکے ہاتھوں میں نظامِ کائنات
اور وہ شاعر کہ جنکی شاخِ آہو پر برات
یا دلیپ و راج ہیں نوشاد و محمود و لتا
ان سے ملنا ہے تو پہلے بھول جا اپنا پتہ

بمبئی میں عام ہے ہر جنس بہتر کا بلیک
آرزو کا وقت کا سنگم کا لیڈر کا بلیک
یاں شکیل و ساحر و مجروح و اختر کا بلیک
جعفری تو جعفری ٹھہرے، مظفر کا بلیک
دیکھ کر اس شہر کا نقشہ یہ دل حیران ہے
بمبئی کا ہے کو ہے، پورا بلیکستان ہے

"پوسٹ مارٹم"

یہ ایک آزاد نظم بدایوں کے ایک طرحی مشاعرہ کے کچھ اشعار پر استادانہ تنقید ہے۔ مشاعرہ کی طرح تھی: "چراغ جلتے رہے تیرگی کے دامن میں"

کسی مشاعرہ کے بعد اک بڑا اُستاد
سنا رہا تھا کچھ اسطرح بزم کی روداد
عجب مشاعرہ تھا یہ عجیب شاعر تھے
کہ جسکے دل میں جو آتا تھا بک رہا تھا وہاں
غلط کلام کا پکوان پک رہا تھا وہاں

مشاعرہ میں کسی نے یہ شعر فرمایا
"کچھ اور کاتب قسمت نے غم لکھے ہوتے
جگہ تو تھی مری بد قسمتی کے دامن میں"
یہ شعر کتنا غلط، کتنا نا مناسب ہے
ملاجھدی بدایونی

نہ جانے چاہتے کیا ہیں یہ بوالہوس شاعر
اگر یہ شعر کہیں حسن کاتب تقدیر
کچھ اور غم بھی اگر وہ بخش دے شاعر کو
تو بھاگتا نظر آئے گا کون یہ شاعر
کہیگا کاتب قسمت سے سنئے تو مسٹر
جو شعر میں نے کہا وہ تو اک فسانہ تھا
مشاعرہ میں چمکنے کا ایک بہانہ تھا
خدا کے واسطے اب غم ریفنڈ کر لیجئے
میں کینسل کئے دیتا ہوں شعر ہذا کو
کسی مشاعرہ میں اب نہیں پڑھوں گا یہ شعر

یہ شعر بھی کسی نو مشق ہی نے فرمایا
"جسے بھی نگہ یار انتخاب کرے

۱ انور بدایونی۔

"گل اُمید بھرے ہیں سبھی کے دامن میں"
گل امید یہاں کتنا نا مناسب ہے
گل امید کوئی پھول ہی نہیں ہوتا
بجائے اسکے کوئی اور پھول لکھ دیتے
کہ جیسے بیلہ، چنبیلی، گلاب یا گوبھی
اک اور شاعرِ نو مشق نے یہ شعر پڑھا
"دبا[1] دو خاک مری خاک ہی کے دامن میں
یہ جسم کی چیز ہے رکھدو اُسی کے دامن میں"
یہ کس کی چیز ہے؟ یہ کسکا ذکر ہے آخر؟
یہ خاک خاکِ مدینہ ہے یا ہے خاکِ شفا
سمجھ میں خاک نہیں آتا مدعا کیا ہے
"کسی نے خوب کہا ہے مگر کہا کیا ہے"

---

[1] عظمت بدایونی

کسی جوان سخنور نے یہ بھی شعر پڑھا
"کہو تو نذر کروں دل کے چند ٹکڑے ہیں
یہ پھول مل نہ سکیں گے کسی کے دامن میں"
نہ جانے کس کی طرف ہے پوائنٹ کا روئے سخن
کہو تو نذر کروں کس سے کہہ رہا ہے وہ
بہن سے بھائی سے، اُستاد سے کہ بیوی سے
"کہو تو نذر کروں؟" یہ بھی کوئی بات ہوئی
جو پیش کرنا ہے تحفہ تو پھر اجازت کیا
جو نذر کرنا ہی ٹھہرا تو پوچھنا کیسا
یہ بات ایسی ہی ہے جیسے کوئی یہ پوچھے
کہو تو تم کو کھلا دوں؟ ذرا سا حلوہ ہے
کہو تو نذر کروں؟ دل کے چند ٹکڑے ہیں"
کہو تو نذر کروں؟ سُن کے کوئی کہہ دے گا

برتشہد الیونی

کہ تم وہ ٹکڑے وہ کٹ پیس میری نذر کر دو
"کہو تو نذر کر دوں؟" کہنے کا یہ مطلب ہے
کہ نذر و ذر تو کچھ بھی نہیں کرے گا یہ شخص
یہ شعر سونگھ کے دیکھا تو آئی بوئے دروغ
یہ شاعری ہے تو پھر ہو چکا ادب کو فروغ

—

اک اور صاحب دل نے یہ شعر فرمایا
"مرے خیال میں وہ اسطرح ہیں جلوہ فگن
کہ جیسے تاج محل چاندنی کے دامن میں"
سوال یہ ہے یہاں "وہ" سے کیا عبارت ہے
بجائے وہ کے اگر "وہ" کا نام آجاتا
تو اہل ذوق کو لطف کلام آجاتا
"مرے خیال میں وہ اس طرح ہیں جلوہ فگن

پیام بدایونی

کہ جیسے تاج محل چاندنی کے دامن میں"
لکھا ہے پہلے تو اس طرح اور پھر جیسے
یہ بات گول رہی جلوہ گر ہیں وہ کیسے
یہ شعر کیا ہے؟ جہالت کی پہلی منزل ہے
جو ایسے شعر کہے یا سُنے وہ جاہل ہے

اسی غزل میں کہیں ایک شعر یہ بھی تھا
"تلاشِ قاتلِ انسانیت میں نکلے تھے
نشان لہو کے ملے آدمی کے دامن میں"
مری سمجھ میں نہیں آیا کون نکلے تھے
برات والے، پولس والے یا چمن والے
مرے خیال سے یہ شعر یوں کہا جاتا

مدیر پیام بدایونی

پولیس کے چند سپاہی بدل کے شہری بھیس
سپٹے حراستِ ملزم لئے ہوئے وارنٹ
جناب ایس پی شہر کی قیادت میں
تلاش قاتل انسانیت میں نکلے تھے
نشاں لہو کے ملے آدمی کے دامن میں
اور آدمی کو سزا ہو گئی عدالت سے

اک اور شعر اک اُستاد نے یہ فرمایا
"ہوائے دہر سے دامن بچا لیا جس نے
سمٹ کے آ گئی دنیا اُسی کے دامن میں"
ہوائے دہر سے دامن بچا لیا کیا خوب
پھر اس میں سارے جہاں کو چھپا لیا کیا خوب

؎ رونق بدایونی

ہوا سے بچ کے کوئی زندہ رہ نہیں سکتا
جو شخص زندہ ہے یہ شعر کہہ نہیں سکتا

اک اور شعر اسی شخص کی غزل میں تھا
"اب آپ اسکو گریباں سمجھیے یا دامن
ملا لیا ہے گریباں کو سی کے دامن میں"
یہ شعر بخیہ گری کا حسیں نمونہ ہے،
یہ آرٹ وہ ہے جسے ہم سمجھ نہیں سکتے
اگر جناب سمجھنا ہی چاہتے ہیں یہ شعر
علی حسین سے لندن سے مشورہ کیجئے
وہی بتائیں گے اس شعر میں کہا کیا ہے
یہ فلسفی ہی سے پوچھو کہ فلسفہ کیا ہے

[illegible] رونق بدایونی [illegible] بدایوں کے دو مشہور [illegible] ۔

جو اس طرح کے بھی نقّاد ہوں ادیبوں میں
شمار کیوں نہ ہو شاعر کا بد نصیبوں میں

"ڈالڈا برینڈ"

دور آمیزش ہے کوئی چیز ہی خالص نہیں
تیل مصنوعی بٹر اِمپیور گھی خالص نہیں
جانور تو جانور ہیں آدمی خالص نہیں
میں ہی کیا خالص نہیں ہوں، آپ بھی خالص نہیں

اس ملاوٹ کا بُرا ہو آدمی چکر میں ہے.
موبل آئل پیٹ میں ہے، وہائٹ آئل سر میں ہے

دورِ آمیزش سے پہلے تھا فقط گھی ڈالڈا
اور اب ہر شے وہ ہینگی ہو کہ سستی ڈالڈا
آپ کی بھاشا وہ اردو ہو کہ ہندی ڈالڈا
شاعروں کا حال یہ ہے شوائتی ڈالڈا

دورِ آمیزش ہے پنجابی سے بنگالی ملی.
شاعری کا رنگ نکھرا اس میں قوالی ملی.

دستِ آمیزش نے ہر چہرہ پہ رندا کر دیا
صاف تھے اب تک جو انڈے انکو گندا کر دیا
جو کباب آیا نظر اسکو پسندا کر دیا
آئی ایس، جو ہر کو یوں رگڑا کہ نندا کر دیا

دورِ آمیزش ہے، آمیزش ہے اب ہر جنس میں
شاعری میں فلسفہ ہے، آرٹ ہے سائنس میں
اب کہاں رکھا ہے، شیرِ آنجہانی کا مزا
دودھ پیتے ہیں مگر آتا ہے پانی کا مزا
بھول جائیے گندمِ خلدِ آشیانی کا مزا
ٹوسٹ میں کھل کا مزا، روٹی میں سانی کا مزا

اس جہاں میں شیرِ خالص کیا میسر ہو کہیں
جن سے خالص دودھ ملتا تھا وہ بھینسیں ہی نہیں

دورِ آمیزش میں چسپاں پیرہن ہی وضع عام
اور وہ پتلون جو ہر جنس کا ہے قائم مقام
صنفِ نازک سے یہ کہتا ہے کہ اے نازک خرام
تو کوئی اچھا سا رکھ لے اپنے پاجامے کا نام

آپ پہنیں یا نہ پہنیں، اب تو جامہ ہے یہی !!
وقت کے درزی کا تازہ کارنامہ ہے یہی

دورِ آمیزش ہے اب ہر چیز میں ہے کھوٹ
حسن کی پاکٹ میں ریزر، عشق کی انٹی میں نوٹ
ہر الیکشن میں پچھتر فی صدی مردوں کے ووٹ
اکثر آٹا کھانے والے لوگ کھا جاتے ہیں چوٹ

خاک جو پہلے بیاباں میں تھی اب آٹے میں ہے
نانبائی کی قسم، معدہ بہت گھاٹے میں ہے

قید آمیزش سے ہوٹل کس طرح رہتے بری
قورمہ کی شکل میں پانی کی واں جلوہ گری
کوفتہ میں ہے چنے کی دال اندر تک بھری
نانِ ہوٹل میں مزے میٹھے اثرِ دست آوری

آج سے پہلے جنھیں مرغوب تھے شامی کباب
دَورِ ہنگامی ہیں وہ کھاتے ہیں ہنگامی کباب

"تھرڈ کا ڈبہ"

ڈبہ میں کوئی لیٹا تھا بیمار کی طرح
کوئی پڑا تھا سایۂ دیوار کی طرح
سہما ہوا تھا کوئی گنہگار کی طرح
کوئی پھنسا تھا مرغِ گرفتار کی طرح

محظوظ ہو رہا تھا کوئی اپنے پاؤں سے
جوتا بدل گیا تھا کسی کا کھڑاؤں سے

بُلبل تھا اس ہجوم میں کوئی تو گُل کوئی
جُز و بدن کوئی تھا جو اِن میں تو کُل کوئی
ممتاز رُسا دھنا کی طرح بیوٹی فل کوئی ! !
کیا بیا نکا کی طرح ڈیوٹی فل کوئی

تھا ان میں کوئی رند، کوئی پورا مولوی
آنکھیں کسی کی مثل سلیم[1] کھتولوی !
کچھ لوگ آسماں پہ نشیمن بنائے تھے
کچھ ان کے نیچے فرش پہ دھونی رمائے تھے
کچھ لوگ ساتھ بچوں کی ایک فوج لائے تھے

اپنے تھے ان میں چند تو باقی پَرائے تھے
کچھ لوگ یوں پڑے تھے کیے برتھ کنٹرول
گویا کہ پوری برتھ وہی لے چکے تھے مول

[1] ایک نابینا شاعر۔

ایک ٹانگ پر تھا کوئی بہ مشکل کھڑا ہوا
کھڑکی کے درمیان تھا کوئی اڑا ہوا
سختی سے کوئی اپنی جگہ پر جڑا ہوا
دروازہ پر کسی کا جنازہ پڑا ہوا

یہ لاش ہاتھرس کے کسی نوجواں کی ہے
کیا جانے اس غریب کی مٹی کہاں کی ہے

کوئی پکارتا تھا کہ لے لو یہ سُرخ بام!
اس کو لگا کے دیکھو وہ کھانسی ہو یا زکام
نزلہ تو دور بھاگتا ہے سُن کے اُس کا نام
عاشق اسے لگائے تو ہو جائے اس کا کام

مجنوں تو سر کے درد میں کھاتا تھا اسپرو
تم سُرخ بام یوز کرو اے مسافرو

ڈبہ میں بھیک مانگ رہا تھا کوئی گدا
بابا ہمیں بھی کچھ ملے تم خوش رہو سدا
ایک شخص جس کا پیٹ تھا مانندِ نر بدا
سننا نہ چاہتا تھا یہ درویش کی صدا

برہم تھا وہ غریب کے جرمِ سوال پر
جیسے صنم کو غصہ ہو عرضِ وصال پر

ڈبہ میں ایک شوخ حسینہ تھی خوش لباس
بیٹھا تھا ایک چاہنے والا اسی کے پاس
دیکھا انہیں تو کہنے لگا اک اداشناس
مجنوں بھی سی کلاس ہے لیلیٰ بھی سی کلاس

قسمت نے ان کو ٹھیک ہی رکھا ہے تھرڈ میں
کیوں ایسے جانور نہ ملیں ایسے ہرڈ میں

کوئی پکارتا تھا مری جیب کٹ گئی
کہتا تھا کوئی میری نئی پینٹ پھٹ گئی
ڈبہ میں سارے پردوں کی دیوار ہٹ گئی
ریشِ سفید، زلفِ سیہ سے لپٹ گئی!

جنتا نے ایکتا کا نمونہ دیا یہاں!
پنڈت سے ایک اچھوت گلے مل لیا یہاں

پاخانہ پر تھا قبضہ جمائے ہوئے کوئی
باہر کرم کی آس لگائے ہوئے کوئی
ہاتھوں سے اپنا پیٹ دبائے ہوئے کوئی
نیکر میں اپنا مال چھپائے ہوئے کوئی

کپڑوں میں کوئی بوئے طہارت لئے ہوئے
کوئی بغل میں مالِ تجارت لئے ہوئے

ڈبہ میں مثلِ بیج کے بویا ہوا کوئی !!!
کھڑکی سے بائی فورس سمویا ہوا کوئی
اللہ میاں کی یاد میں کھویا ہوا کوئی
T.T.E
اور ٹی ٹی ای کے خوف سے سویا ہوا کوئی
فرضی اڑان میں بھی وہ فرّاٹے واہ وا
مصنوعی نیند میں بھی وہ خرّاٹے واہ وا

جام و سبو کو کام میں لاتا ہوا کوئی !
بھنگ اور چرس سے لطف اٹھاتا ہوا کوئی
بیڑی سے منہ میں آگ لگاتا ہوا کوئی !
منہ کو اگالدان بناتا ہوا کوئی !
کچھ مسخروں میں یوں کوئی موٹا پھنسا ہوا
کانٹے میں جسطرح کوئی لوٹا پھنسا ہوا

لو آگرہ کے بعد اب آیا گوالیار
ہر سمت اک ہجوم کہ جس کا نہیں شمار
ڈبہ تھا اب نمونۂ میدان کارزار
وہ دیکھو ریل میں کوئی دولہا ہوا سوار

ساری برات ایک ہی ڈبہ میں گھس پڑی
ڈبہ سے تھوڑی دور دلہن رہ گئی کھڑی

ڈبہ میں جنگ چھڑتے ہی چلنے لگے وہ ہات
گھونسا کسی کے سر پہ پڑا اور کسی کے لات
مفعول بن گیا کوئی اور کوئی فاعلات
دولہا کے ساتھ پٹنے لگی اس کی کل برات

گڑبڑ میں ایک ساکن کھنڈوا بھی پٹ گیا
دولہا میاں کے ساتھ یہ رنڈوا بھی پٹ گیا

سائنس، آرٹ، شعر و سخن، فلسفہ ادب
تھے زیرِ بحث ایک ہی ڈبہ میں سب کے سب
غالب کے شعر پر کہیں تنقید بے سبب
نہرو کی پالیسی پہ کہیں طنز زیرِ لب
موسم پہ تبصرہ کہیں، بارش پہ تبصرہ
کھجلی پہ تبصرہ کہیں خارش پہ تبصرہ

اتنے میں ایک شور اٹھا بھوپال آگیا!
گویا تمام ڈبہ میں بھونچال آگیا
گانا سنانے یوں کوئی قوال آگیا
قلیوں کو وجد، گارڈ کو بھی حال آگیا
ڈبہ تمام موجِ ترنم میں بہہ گیا
وہ ٹھمریاں چھیڑیں کہ مزا آکے رہ گیا

ایک بابو جی ٹپک پڑے کھڑکی سے کود کر
ایک سوٹ کیس آتا ہے ہشیار و باخبر
ایک اور ہولڈال گرا سر بچاؤ سر
چھو بال پر مجھے بھی اترنا تو تھا مگر!
اب سوچتا ہوں جانا پڑے گا اٹارسی
اُردو نہ پڑھ سکا تو میں پڑھ لوں گا فارسی

"غزلیات"
(مزاحیہ)

"دیکھتے جاؤ"

وطن والو! یہ مصنوعی گرانی، دیکھتے جاؤ
کہ سستا ہے لہو، مہنگا ہے پانی دیکھتے جاؤ

وہ شے جس کے لئے جنت کو ٹھکرایا تھا آدم نے
وہ شے پھر ہوگئی خُلد آشیانی، دیکھتے جاؤ

جنھیں روٹی نہیں ملتی، وہ دس بچوں کے والد ہیں
یہ افلاس اور یہ جوشِ جوانی، دیکھتے جاؤ

جو پہلے فصل اُگاتے تھے، وہ اب بچے اُگاتے ہیں
نئے ٹائپ کی یہ کھیتی کسانی، دیکھتے جاؤ

ہر ایک والدیہاں مثلِ مصوّر ہم سے کہتا ہے
کہ بعد نقشِ اوّل، نقشِ ثانی دیکھتے جاؤ

غریبوں کے لئے عُسرت، امیروں کیلئے عشرت
مگر مارے گئے ہم درمیانی، دیکھتے جاؤ

فگارؔ اس دور میں بھی طنزیہ اشعار کہتا ہے
تم اس شاعر کی آشفتہ بیانی دیکھتے جاؤ

"تو غزل ہوتی ہے!"

اک دوات، ایک قلم ہو، تو غزل ہوتی ہے
جب یہ ساماں بہم ہو تو غزل ہوتی ہے

مفلسی، عشق، مرض، بھوک، بڑھاپا، اولاد
دل کو ہر قسم کا غم ہو تو غزل ہوتی ہے

بھوت آسیب، شیاطین، اجنہ، ہمزاد
ان بزرگوں کا کرم ہو تو غزل ہوتی ہے

شعر نازل نہیں ہوتا کبھی لالچ کے بغیر
دل کو اُمیدِ رقم ہو تو غزل ہوتی ہے

تندرستی بھی ضروری ہے، تغزل کے لئے
ہاتھ اور پاؤں میں دم ہو تو غزل ہوتی ہے

پونچھ کتے کی جو ٹیڑھی ہو تو کچھ بھی نہ بنے
اور تیری زلف میں خم ہو، تو غزل ہوتی ہے

صرف ٹھرے سے تو قطعات ہی ممکن ہیں فگار
ہاں اگر وسکی و رم ہو تو غزل ہوتی ہے